AF331281

RÉCLAMATIONS

DES PROPRIÉTAIRES,

DES MANUFACTURIERS ET DES COMMERÇANS,

SUR LE BUDGET DE 1816.

—

Les charges accablantes que la France aura à supporter pendant plusieurs années, nécessiteront une forte augmentation d'impôts; toutes les contributions sont directement ou indirectement supportées par l'industrie agricole, manufacturière et commerciale. Le problème à resoudre est de choisir celles qui leur sont le moins onéreuses, de manière que non-seulement la reproduction annuelle, mais encore son accroissement progressif, ne soient ni arrêtés, ni entravés; cet accroissement est aujourd'hui plus necessaire que jamais car, pour payer plus, il faut produire et consommer davantage.

Le budget de 1816 augmente tous les impôts directs et indirects, il en etablit de nouveaux sur les branches les plus importantes des manufactures nationales.

Les impôts directs ont deux grands avantages, ceux d'avoir, pour leur assiette. des bases certaines, et d'être peu coûteux et bien moins vexatoires dans leur perception que les impôts indirects; leur effet tend à faire augmenter les prix de toutes les productions de la terre, mais seulement en proportion de leur quotité, sans addition d'accessoires, parce qu'ils sont genéralement payés par les cultivateurs après la vente de leurs récoltes.

Les impôts indirects existans sont de deux espèces, les uns, tels que l'enregistrement, le timbre, les ports de lettres, les droits de bacs, de canaux, de pêches, etc., se payent sans vexations et avec peu de frais; les autres, tels que ceux du sel, du tabac, des boissons, des octrois, des douanes, etc., ne peuvent se percevoir qu'avec des frais excessifs et par des moyens violens et coercitifs, et l'avance que les marchands font de ces droits. les autorise à prendre sur leur montant un bénéfice qui en augmente, dans une proportion plus ou moins forte, la charge pour le contribuable. Ainsi, un marchand de vin de Paris qui achète une pièce de vin cent cinquante francs, hors des barrières, et qui paye sur ce vin soixante francs d'entrée, ne prend pas son bénéfice seulement sur cent cinquante francs, mais sur deux cent dix francs : l'énormité du droit incline trop souvent les marchands de boissons à les altérer et à les mélanger.

Les droits sur le sel et sur le tabac entraînent moins de gênes et d'inquisitions pour les redevables, mais ceux qui se perçoivent sur les boissons, sur les octrois, et principalement les droits de douanes, exigent des visites, des perquisitions et des formalités, multipliées à l'excès, qui les rendent insupportables.

Généralement, les frais de perception sur les impôts indirects sont de quinze à vingt pour cent, ils sont de cinquante pour cent, au moins, sur les droits de douanes ; ainsi, lorsque le trésor public reçoit une somme de cent mille francs en impôts indirects, il faut y ajouter vingt mille francs pour les frais, et vingt mille autres pour les bénéfices cumulés des marchands en gros et en détail ; de sorte qu'il en coûte effectivement cent quarante mille francs au contribuable, tandis que les frais sur les impôts directs n'étant que d'environ six pour cent, il ne paieroit que cent six mille francs, pour procurer au trésor public la même somme de cent mille francs.

Les partisans des impôts indirects les regardent comme préférables, parce que le droit se confond dans le prix de la marchandise, et qu'il est insensible au redevable, comme s'il pouvoit lui être indifférent de payer le sel quatre ou cinq sous, au lieu d'un sou, son prix naturel, et le vin quinze ou vingt sous au lieu de dix sous, ainsi de suite. Cette augmentation lui est au contraire tellement sensible, que le résultat constant des impôts indirects a été, dans tous les temps, de diminuer la consommation des marchandises qui en étoient chargées, conséquemment d'imposer des privations aux consommateurs et de nuire aux producteurs, qui sont forcés ou de vendre moins cher, ou de produire moins.

Mais les impôts indirects ont plusieurs autres inconvéniens,

1°. Ils nécessitent l'établissement d'une multitude d'employés, qu'ils enlèvent à l'agriculture et aux manufactures ; les nouveaux droits exigeront trente mille employés de plus, dont on sera très-embarrassé, lorsque, dans cinq ans, ces droits seront supprimés.

2°. Ils sont principalement supportés par les classes laborieuses, par les journaliers et les ouvriers sans fortune, à qui ils ôtent une partie de leur existence ; ils pèsent sur eux, non en proportion de leurs salaires, mais en raison de leurs besoins.

3°. Ils provoquent les redevables à frauder les droits par divers moyens illicites, qui tendent à les démoraliser, et à les placer dans un état habituel d'hostilité avec les employés du fisc.

4°. Ils excitent les délations, les haines, les vengeances entre voisins, et, ce qui est plus grave encore, les plaintes, les murmures et le mécontentement des peuples.

5°. Ils exigent des déclarations, des visites domiciliaires, des perquisitions odieuses, des formalités et des précautions sans nombre, un code pénal particulier, très-rigoureux, pour punir des contraventions que les contribuables ne regarderont jamais comme des délits réels. Quelle épouvantable série de dispositions rigoureuses pour assurer la perception des nouveaux droits proposés !

6°. Ils entraînent, pour constater les contraventions, des procès verbaux, qui, quoique chargés de faits controuvés, doivent, pour l'intérêt du fisc, être crus en justice, et qui sont bientôt suivis de condamnations réprouvées par l'équité et par la raison.

7°. Ils ont toujours eu en France le grave inconvénient d'être facilement et promptement augmentés ; les droits d'entrée sur les vins, à Paris, rétablis par le Directoire, n'étoient d'abord que de dix francs par muid, ils sont aujourd'hui de soixante-dix francs.

Le caractère vif et irascible des François supportera toujours impatiemment les vexations dont les impôts indirects sont entachés ; ils se sont prononcés, avec plus ou moins de force, dans tous les départemens, contre les exercices employés à la perception des droits sur les boissons. Le caractère phlegmatique des Anglais s'y soumet avec résignation ; on ne pourra jamais vaincre sur ce point la répugnance des François. Les abonnemens ont aussi des inconvéniens, mais ils sont certainement moindres que ceux des exercices. L'assiette des abonnemens a été défectueuse, mais il sera facile de la rectifier, et la perception sera bien moins coûteuse que celle des exercices ; cependant, c'est précisément ce moyen des exercices qu'on se propose d'employer pour la perception des nouveaux droits à établir sur les tissus de draps et de toiles, sur les fers, les cuirs, les papiers, les huiles, etc.

Et d'abord on se demande pourquoi ces fabriques, si

importantes , qui tiennent le premier rang parmi les branches de notre industrie et qui sont éminemment nationales , puisque presque toutes les matières premières qu'elles emploient proviennent de notre sol , sont les seules qui soient assujéties aux nouveaux droits ?

En principe , tous les impôts doivent être uniformes et supportés également par tous les contribuables. Pourquoi les manufactures les plus importantes et les plus nécessaires seroient-elles chargées de droits , tandis que d'autres fabriques moins utiles , telles que celles de soieries , de cotonnades , d'ébénisterie , de modes , de bijoux , d'argenterie etc., en seroient exemptes ?

Les nouveaux droits directs et indirects peuvent être regardés comme une taxe temporaire extraordinaire , qui, pour être juste et moins accablante , doit être supportée , dans une proportion équitable , par les trois grandes branches de notre industrie, agricole , manufacturière et commerciale. Ainsi aucune manufacture , aucun genre de commerce n'en doivent être exempts , tous doivent supporter leur part d'une surcharge devenue nécessaire.

Il est à propos d'établir ici une différence très-importante entre les produits agricoles et ceux de l'industrie manufacturière et commerciale, qui n'a pas été assez remarquée.

Les produits agricoles bruts sont de trois milliards quatre à cinq cent millions, les produits nets peuvent être évalués dans les années ordinaires , de quatorze à quinze cent millions. Ils ont dû éprouver une forte diminution en 1814 et 1815, à cause des invasions et des pertes et dépenses occasionnées par la guerre ; il est même à craindre qu'on ne s'en ressente pendant plusieurs années. En les supposant réduits à douze cent millions, c'est sur ces produits nets que seront appuyées la contribution foncière , celle des portes et fenêtres et une forte partie de la contribution mobilière, qui excèdent trois cent millions , et qui forment ainsi le quart des produits nets des biens fonds.

Les produits bruts des manufactures sont d'environ onze cent millions , dont un tiers est employé à acheter les matières premières , le second tiers à salarier les ouvriers occupés aux fabrications. Le troisième tiers est destiné à acquitter tous les frais , tels que le loyer et l'entretien des bâtimens , l'achat et les réparations des outils, ustensiles, métiers et mécaniques ; l'intérêt des capitaux et des avances nécessaires pour alimenter et faire marcher les fabriques en sorte qu'il a été reconnu qu'il ne restoit aux chefs de manufactures qu'environ dix pour cent sur les produits bruts, ce qui forme ce que l'on appelle leurs profits ou bénéfices : ainsi les produits nets des fabriqeus ne seroient que de cent dix millions.

Les produits bruts de l'agriculture sont de trois milliards quatre cents millions, et ceux des manufactures, évalués à onze cents millions, forment un total d'environ quatre milliards cinq cents millions qui passent dans les mains des commerçans pour être distribués aux consommateurs, moins ce qui en est consommé directement et sur les lieux par les agriculteurs et les manufacturiers, par leurs familles, leurs ouvriers et leurs agens, et que l'on peut évaluer au tiers de ces mêmes produits ou quinze cents millions. Il reste ainsi environ trois milliards, auxquels les commerçans et les artisans ajoutent, par les transports et les manipulations, une dernière main d'œuvre, évaluée de quinze à vingt pour cent; ce qui porte les produits bruts de l'agriculture et des manufactures qui passent par les mains des commerçans et des artisans à trois milliards cinq cent millions, sur lesquels les produits nets, à raison de dix pour cent (profits ordinaires du commerce), seroient de trois cent cinquante millions à joindre aux cent vingt millions des produits nets des manufactures : ce qui forme un total de quatre cent soixante-dix millions.

Les produits de l'agriculture sont le résultat du travail des habitans des campagnes, dont le nombre est évalué aux quatre cinquièmes de la population du royaume.

Les produits des manufactures et du commerce résultent du travail du dernier cinquième de ses habitans, qui demeurent dans les villes et dont il faut déduire l'armée, les ecclésiastiques et tous les employés civils et militaires.

On vient de voir que les charges anciennes et nouvelles qui sont imposées à l'agriculture, seront du quart des produits nets, ou d'environ trois cents millions.

Les produits nets des manufactures et du commerce, évalués à environ quatre cent soixante-dix millions, étant exposés à plus de chances défavorables que ceux de l'agriculture, ne peuvent pas être grevés d'une imposition plus forte. Les taxes qu'ils auront à supporter, dans la même proportion du quart, ne doivent pas excéder cent dix-sept millions. Il faut donc, avant de leur demander une nouvelle contribution, examiner quelle est la portion qu'ils supportent déjà dans les impôts indirects à présent existans.

Or, les manufactures et le commerce participent aux impôts indirects actuels dans les proportions suivantes :

Sur les patentes de. 16,000,000 f., la totalité, ou . 16,000,000 f.
Sur le timbre . . . 18 . . . . . . au moins la moitié 9
Sur les douanes. . 40 . . . . . . *idem* 20
Sur les sels . . . . 35 . . . . . . le 5ᵉ, à raison de la population . 7
Sur les tabacs. . . 38 . . . . . . *idem* 8
Sur les boissons. . 55 . . . . . . *idem* 11
Sur les voitures publiques, les postes, canaux, bacs, loteries, garantie des matières d'or et d'argent, etc.. 40. . . . . . . *idem*. 8
_____
79

Et, en outre, la plus forte partie des octrois et entrées des villes, dont le montant est de plus de cinquante millions.

Mais, en supposant que la part qu'ils supportent déjà sur les impôts indirects, sans comprendre les octrois, ne soit que de soixante-dix-neuf millions, afin que l'industrie manufacturière et commerciale fût taxée dans la même proportion que l'industrie agricole, on ne pourroit, pour atteindre la limite de cent dix-sept millions, la charger que de trente-huit millions de plus ; cependant, suivant le budget, on doit lui en demander soixante-deux : la proportion est évidemment trop forte ; il y auroit surcharge.

Mais quelles que soient les nouvelles impositions qui seront exigées de l'industrie, le gouvernement doit se faire une loi d'observer, pour leur assiette, les conditions suivantes.

1°. Qu'elles soient supportées également par toutes les manufactures et par tous les commerces ;

2°. Que la perception en soit combinée de manière qu'elle n'entraîne pas des frais excessifs, qui, cumulés avec les bénéfices des marchands, en aggravent le poids pour les redevables ;

3°. Qu'elle soit exempte des exercices, dont les vexations désolent les contribuables, les découragent, et leur font abandonner des professions qui leur deviennent insupportables.

L'humanité, la raison et la politique veulent que, lorsque les besoins de l'état exigent que les sujets fassent le sacrifice d'une portion considérable de leurs moyens d'exis-

tence, on n'emploie pas, pour les obtenir, des formes vexatoires, qui les aigrissent, ou des frais qui doublent leurs sa-
crifices.

Ces règles, qui devroient être suivies dans tous les temps,
doivent être observées, ave. bien plus de raison, dans les
circonstances actuelles, ap s tant d'années de guerres,
d'invasions, de dévastations 't de malheurs, qui ont ruiné
une multitude de familles d les villes et dans les campagnes.

On ne doit pas oublier non plus que les droits de marque
sur les fers, les cuirs et les papiers, qui existoient avant la
révolution, ont retardé pendant long-temps, les progrès
de ces manufactures, et que c'est par cette raison qu'elles
sont restées, seules inférieures aux fabriques anglaises. Il
est prouvé que les droits et les exercices sur les tanneries en
avoient diminué, en très-peu d'années, la fabrication de
plus d'un tiers. Il seroit très-imprudent de faire une si fu-
neste épreuve sur nos plus florissantes manufactures.

Il seroit désirable que les taxes sur les boissons fussent
assujéties aux mêmes règles que celles qui serout établies
sur toutes les autres marchandises, mais les besoins sont
extrêmes et le temps presse. Les rôles des abonnemens existent, ils ont été mal faits l'année dernière, sur le produit
des ventes de 1812, année très-abondante; mais il sera
facile de les rectifier et d'adopter une base plus juste. Le
budget propose de rétablir le droit de circulation et les exercices, ce seroit une véritable calamité pour les consommateurs et pour les propriétaires de vignobles. Toutes les
opinions doivent se réunir pour rejeter les exercices et pour
laisser subsister les abonnemens, qui peuvent être réduits à
une somme assez modérée pour ne pas diminuer la consommation et décourager la culture. Les droits à obtenir sur
les boissons sont calculées à soixante millions bruts. Mais les
frais des exercices étant de vingt à vingt-cinq pour cent en
réduiront les produits nets pour le trésor à quarante-six millions. Ne vaut-il pas infiniment mieux toucher quarante
millions, avec peu de frais et sans contrainte, que d'en arra-
cher soixante par des exercices dispendieux, qui coûteront
douze à quinze millions et qui seront toujours, nécessairement, accompagnés de vexations.

Il est bien démontré que les impôts actuels sont insuffisans
pour acquitter les dépenses de l'état, et qu'il est nécessaire
de recourir à de nouvelles taxes sur l'agriculture et sur l'industrie commerciale. Dans des circonstances aussi critiques,
il est du moins d'une sage politique de suivre, pour la ré-

partition des unes et des autres , les mêmes règles de justice et d'éviter autant qu'il sera possible, les moyens arbitraires. La base de répartition pour la contribution foncière est la valeur des biens fonds. Il est raisonnable de choisir aussi, pour la repartition des taxes sur l'industrie commerciale, une base fixe, qui soit la moins défectueuse qu'il sera possible. Cette base existe : c'est la valeur locative des maisons , ateliers et usines servant aux manufactures et au commerce. Elle est déjà employée pour les patentes qui se composent d'un droit fixe et d'un droit variable Ce dernier est le dixième de la valeur locative , et il est calcule dans le produit du droit des patentes pour le tiers ou six millions. La valeur locative des maisons , ateliers et usines, servant au commerce est donc de soixante millions, si on en deduit le sixième ou dix millions pour la valeur locative des boutiques et des maisons occupées par les marchands de boissons, il restera cinquante millions pour celle de toutes les maisons et usines servant aux autres commerçans ou fabricans. La somme demandée pour les nouveaux droits sur les fabriques de draps, de toiles, de cuirs ,de papiers, d'huiles et sur la circulation des marchandises, est de soixante-deux millions , mais leur perception par les exercices devant coûter au moins vingt pour cent, le Trésor public ne pourroit espérer d'en toucher au-delà de cinquante millions. Il faudroit donc que la taxe temporaire sur les fabricans et commerçans fût égale à celle de la valeur locative des maisons et bâtimens servant à leurs manufactures et à leurs différens négoces. Ce seroit, à la vérité , une imposition très-forte , mais elle le sera bien moins étant divisée entre tous les commerçans, que si elle etoit supportée seulement par cinq ou six manufactures. Les commerçans s'en rembourseront sur la vente de leurs marchandises , comme les fermiers et les marchands de boissons le font pour les impôts dont ils sont chargés.

Parmi les recettes extraordinaires , on ne comprend les retenues sur les traitemens que pour treize millions, ce qui provient probablement du mode progessif adopté pour ces retenues. Ce mode est peut-être plus équitable que celui qui est suivi pour la contribution foncière, dont le taux est egal pour les cotes les plus foibles et les plus élevées ; mais comme il seroit dangereux de changer ce dernier mode, il auroit peut-être été utile de s'y conformer pour les retenues. Le montant général des traitemens étant de cent cinquante à cent soixante millions, si la retenue égale, pour tous, eût été du cinquième ou même du sixième, avec exemption

pour les emplois au-dessous de douze cents francs, il es-
probable qu'on auroit obtenu de vingt à vingt-deux millions.

Deux articles de dépenses, celui de la marine et celui de
l'entretien des troupes étrangères, appelent l'attention publi-
que. On pourroit espérer une forte diminution dès à présent
sur le premier, et dans un temps prochain sur le second.

Il est aujourd'hui de la plus notoire évidence que la marine françoise, vu l'etat de nos finances, la perte de presque
toutes nos colonies, l'accroissement colossal de la marine et
de la puissance anglaises, et plusieurs autres circonstances
très-connues, ne peut plus espérer de lutter avec la moindre
apparence de succès contre les flottes de l'Angleterre. Notre
infériorité existe depuis la defaite du maréchal de Tourville
à la Hogue en 1692. On peut dire que tous les efforts que
la France a faits depuis pour maintenir sa marine et les dépenses prodigieuses qu'elle a coûtées, n'ont abouti qu'à lui
coûter des pertes immenses en colonies, en vaisseaux, en
marchandises et en capitaux. Cette lutte prolongée, en ex-
citant au plus haut degré la jalousie des Anglois, a préparé
la catastrophe actuelle et leur a inspiré la fatale résolution
de faire imposer à la France, par leur ascendant sur les
puissances de l'Europe, les conditions les plus dures et les
plus injustes. Les tentatives, que la France feroit pour re-
monter sa marine, l'exposeroient à de nouvelles humilia-
tions. Une dépense de quarante-huit millions est donc beaucoup trop forte. Le service de la marine, qui désormais
sera borné à la protection de nos côtes et de notre commerce, ne doit pas exiger plus de vingt millions. En supposant cette dépense de vingt-cinq, la réduction seroit de
vingt-trois millions.

Le second article est relatif aux cent trente millions des-
tinés à l'entretien des cent cinquante mille hommes compo-
sant l'armée d'occupation. Trois grands souverains ont signé
un traité mémorable, qu'ils viennent de publier; ils pro-
clament, à la face de l'univers, qu'ils veulent diriger leur
conduite et leurs actions sur les principes de la justice, de
l'humanité et de la charité chrétienne. Ils ont ainsi dicté
eux-mêmes le texte des représentations qu'on peut leur faire
sur l'iniquité des conditions imposées à la France. La plus
dure et la plus inutile en ce moment, où elle jouit d'une par-
faite tranquillité et d'un gouvernement sage, légitime et ré-
gulier, est celle qui l'oblige à entretenir cent cinquante mille
étrangers sur ses frontières. Cinquante mille hommes, qui
occuperoient les seize forteresses, seroient plus que suffisans
pour tranquilliser les puissances sur le paiement des contri-

butions qu'elles ont exigées : on pourroit du moins essayer
d'entamer une négociation sur cet objet important, et,
si on parvenoit à obtenir cette réduction, ce seroit une se‑
conde économie de quatre-vingts millions.

En suivant la série des idées qui viennent d'être présen‑
tés, on voit que les changemens proposés au budget se ré‑
duisent à trois,

1°. La suppression des exercices et du droit de circula‑
tion, et la réduction du droit sur les boissons, à quarante
millions, dont la perception se fera par abonnemens.

2°. Les remplacemens des nouveaux droits proposés sur
les tissus de draps et de toiles, sur les fers, les cuirs, les
papiers, et la circulation des marchandises, par une taxe
temporaire extraordinaire sur toutes les manufactures et tous
les commerces, dont le régulateur sera la valeur locative
des maisons et bâtimens occupés par les commerçans.

3°. La réduction des dépenses de la marine à vingt‑cinq
millions.

Le tableau suivant des recettes et des dépenses fournira
la preuve que les ressources proposées suffiront pour acquit‑
ter toutes les charges du gouvernement.

Recettes.

Contributions directes.

Foncière . . . . 258,198,000 f.
Mobiliaire et personnelle . . 40,933,000
Portes et fenêtres. 14,181,000
Patentes 16,187,000

329,499,500
Non valeurs à déduire . . . 9,499,500. net 320,000,000 f.

Enregistrement et domaine. . 118,000,000
Timbre 18,000,000
Bois . . . . 20,000,000 . . 156,000,000

Impôts indirects.

Douanes. 40,000,000
Sels 35,000,000
Tabacs. 38,000,000
Boissons, par abonnemens . 40,000,000 . . 153,000,000

Voitures publiques, 10e des
places et paquets 2,400,000
Garantie des matières d'or et
d'argent 750,000
Cartes 800,000

3,950,000 . . . 629,000,000

Ci-contre.	3,950,000 .	629,000,000 f.
Canaux de navigation . . .	2,750,000	
Bacs et passages d'eau . . ,	1,000,000	
Sels	6,000,000	
Amendes	250,000 . . .	13,950,000
Loteries . . , ...	7,000,000	
Postes. . , ...	14,000,000	
Salines de l'est	2,000,000	
Recettes diverses et acciden- telles.	6,000,000	29,000,000
Taxe temporaire, basée sur la valeur locative des mai- sons, bâtimens, ateliers et usines employés aux fabri- ques et à tous les commerces . . . . , . .		50,000,000
Recettes extraordinaires.		
Retenues sur les traitemens. .	13,000,000	
Abandon fait par le Roi sur la liste civile.	10,000,000	
Cautionnemens.	50,000,000 . . .	73,000,000
		794,950,000

Dépenses.

Dette perpétuelle viagère et pensions	115,000,000	
Chambre des Pairs et des Dé- putés.	2,700,000	
Liste civile	33,000,000	
Justice.	17,000,000	
Affaires étrangères	6,500,000	
Intérieur.	70,000,000	
Guerre	180,000,000	
Marine, 48,000,000 f., ré- duite à	25,000,000	
Police générale.	1,000,000	
Finances	16,000,000	
Intérêts de cautionnemens. .	8,000,000	
Frais de négociations . . .	12,000,000	
Fonds d'amortissement . .	14,000,000	
Intérêts sur les obligations royales . . , ...	1,500,000 . . .	501,700,000
Contributions de guerre . .	140,000,000	
Dépenses d'entretien de 150 mille hommes	130,000,000	
Aux comtes de Benthien et Stenfurth	800,000	
Dépenses éventuelles . . .	4,500,000 . .	275,300,000
L'excédent sur les dépenses se- roit de.	17,950,000 . . .	777,000,000

Cet excédent donneroit une grande latitude pour rectifier les tarifs des droits de douanes, que le budget a portés à un taux beaucoup trop élevé : les vrais principes veulent que tous les produits de notre sol et de nos fabriques soient exempts de tous droits d'exportation, et que les matières premières étrangères qui servent à créer les produits des fabriques, jouissent du même avantage à leur importation dans le royaume.

Il reste à pourvoir au paiement de l'arriéré qui est de deux espèces : l'un est celui des dépenses publiques, l'autre est celui des contributions, des réquisitions et des dépenses payées par les départemens pour le passage et le séjour des armées françoises et étrangères. Ce dernier arriéré est une dette bien plus sacrée que la première et elle ne peut être évaluée, pour les deux années 1814 et 1815, à moins de cinq cents millions, sur lesquels quarante à cinquante millions ont été compensés sur les contributions extraordinaires de 1813 et 1814. Cependant le budget propose d'en acquitter seulement une partie, celle de l'emprunt de cent millions, par un impôt extraordinaire de cinquante pour cent sur tous les impôts directs de 1815, qu'il suppose devoir produire cent soixante millions, dont une partie à la vérité sera destinée à dédommager les départemens qui ont le plus souffert.

La balance de la justice doit être parfaitement égale. Le remboursement de l'emprunt de cent millions a été promis, et cette promesse doit être exécutée ; mais le remboursement des pertes, des réquisitions et des dépenses causées par les deux invasions a été aussi plusieurs fois solemnellement promis, et cette dernière promesse est bien plus sacrée que la première, parce que ceux qui ont été exposés à toutes les horreurs de la guerre sont dans une situation infiniment plus malheureuse que ceux qui ont fait l'avance de l'emprunt de cent millions. Rejeter la dette des réquisitions, ce seroit commettre envers l'agriculture une grave injustice, dont l'effet seroit de tarir ou du moins de diminuer cette source première de tous les revenus et de toutes les richesses.

Ces vérités n'ont besoin que d'être énoncées pour être généralement senties.

Le remboursement des dépenses et des pertes causées par les deux invasions de 1814 et de 1815 est aussi juste qu'il est nécessaire.

Pour y procéder régulièrement, il est indispensable d'ordonner,

1°. Que les états commencés en 1814 et qui doivent être très-avancés, soient continués et qu'il y soit joint celui des sommes déjà remboursées sur les contributions extraordinaires.

(13)

2°. Que des états semblables soient faits pour les pertes et dépenses supportées en 1815.

3°. Qu'il soit formé des états particuliers des avances faites pour l'emprunt de cent millions. Ces trois états seront réunis.

Après la liquidation des réquisitions et fournitures et la confection des états, le remboursement sera effectué de la manière suivante :

1°. Sur le montant de la contribution extraordinaire proposée et qui, au lieu de cinquante pour cent, sera réduite à trente pour cent, mais sera continuée pendant les années 1817 et 1818. Le produit annuel sera d'environ cent millions et pour trois ans de . . . . 300 millions.

2°. Sur la somme de cent trente millions à présent destinée à l'entretien des cent cinquante mille hommes de troupes étrangères, et qui sera libre et disponible dans trois ans, époque à laquelle elles doivent évacuer le territoire françois . . . . 130 millions.

Les payemens seroient accélérés, si on obtenoit la retraite des troupes étrangères à une époque plus rapprochée.

Les réquisitions et fournitures faites en 1814 et 1815, jointes à l'emprunt de cent millions, doivent former une masse de plus de quatre cent trente millions; mais comme il y aura beaucoup de ces dépenses dont on ne pourra fournir la preuve aux liquidateurs, il est probable que cette somme sera suffisante pour aquitter les dépenses légalement constatées.

A l'égard des huit à neuf cents millions formant l'arriéré des dépenses publiques jusqu'en 1816, leur remboursement seroit effectué suivant le mode proposé par la loi du budget, par le produit des ventes des forêts et des biens des communes; mais il seroit à désirer que les obligations du trésor pussent être reçues pour le paiement de la totalité des ventes : ce qui laisseroit libre, pour toutes les autres aliénations, l'emploi des espèces d'or et d'argent, et ne ralentiroit pas les perceptions du droit d'enregistrement.

Il est bien douteux que les produits de ces ventes suffisent pour acquitter cet énorme arriéré. On pourroit y suppléer en y consacrant ces mêmes cent trente millions en 1820, après le paiement total des réquisitions et des fournitures; cette somme y seroit employée, s'il étoit nécessaire, les années suivantes, jusqu'à l'entier acquittement de cet arriéré. Les obligations étant reçues en paiement intégral des ventes ne doivent porter aucun intérêt; mais lorsque les paiemens seront anticipés, l'escompte devra être bonifié aux acquéreurs.

C'est ainsi qu'avec le bénéfice du temps , la France aura satisfait à tous ses engagemens, en augmentant, à la vérité, tous les impôts dans une forte proportion, mais du moins sans avoir recours à des taxes oppressives et vexatoires , et dont les frais seroient une nouvelle surcharge pour les peuples.

Mais il faut dire ici la vérité tout entière , il ne suffit pas de créer cette masse énorme d'impositions , il faut encore qu'il soit possible de les payer. Dans la marche ordinaire des affaires , les producteurs réservent chaque année une portion de leurs revenus ou de leurs profits, pour augmenter la masse annuelle de leurs produits. Toutes les industries tendent ainsi à un accroissement progressif, qui permet d'augmenter proportionnellement les charges des peuples ; mais aujourd'hui cette proportion est totalement dérangée, ou plutôt elle n'existe plus. La guerre et les suites terribles de deux invasions ont dépouillé les producteurs, non-seulement de leurs revenus et de leurs profits annuels, mais même d'une portion de leurs capitaux, et c'est après deux ans de calamités qu'on leur demande une augmentation, non progressive et modérée, mais de plus de cinquante pour cent sur toutes les impositions. Il faut nécessairement à la France des ressources extraordinaires pour qu'elle puisse supporter des charges aussi accablantes. Elle a besoin d'une forte impulsion , qui ajoute un nouveau degré d'énergie à ses facultés naturelles et qui imprime un grand mouvement à toutes ses industries.

Le caractère et les habitudes des François s'y prêtent merveilleusement. Ils sont vifs, actifs, laborieux, intelligens ; depuis vingt ans ils ont fait des progrès immenses dans toutes les cultures, dans tous les arts et dans toutes les fabrications. Il ne s'agit que de relever leur courage et leurs esprits abattus par deux années de malheurs épouvantables. Divers moyens y contribueront efficacement : ils sont dans la main du gouvernement et dans ses principes bien connus. Il y réussira en redoublant d'efforts pour éteindre les haines , les animosités et les divisions, en écartant ou ajournant toutes les propositions qui tendroient à réveiller l'esprit de parti et à entretenir les craintes et les inquiétudes ; en s'occupant essentiellement des lois qui intéressent la nation tout entière. Ses actes et sa vigilance continueront à avoir pour but principal de consoler et d'encourager ces classes laborieuses et si utiles des agriculteurs, des manufacturiers et des commerçans, qui sont les véritables colonnes de l'état, puisqu'elles en acquittent toutes les charges. Elles auront ainsi la conviction que son désir sincère est d'alléger, du moins par les formes de

perception les plus douces, le fardeau des contributions
que les circonstances ont rendues nécessaires.

Le calme et la confiance sont indispensables pour
maintenir le prix de toutes les denrées et de toutes les
marchandises à un taux assez élevé, pour que le paiement
des fermages et des impositions puisse s'effectuer et que
les consommations ne soient pas ralenties.

Un second moyen non moins efficace seroit de re-
noncer au régime prohibitif et fiscal, inventé et pratiqué
avec tant de rigueur sous le gouvernement impérial et
qui subsiste encore en partie. Si les préjugés invétérés et
les besoins du trésor ne permettent pas d'adopter encore
le système de la liberté illimitée de commerce, qui seroit
le plus conforme aux vrais intérêts de la France, on peut
du moins se relâcher du système contraire, plus encore
que le budget ne le propose, et rendre nos relations avec
les étrangers les plus libres qu'il sera possible. Deux puissans
motifs nous y invitent, d'une part, l'intérêt bien entendu
de notre agriculture et de nos manufactures qui, par-
venues à un très-haut degré de perfection, n'ont rien à
redouter de la concurrence étrangère, et à qui cette
lutte inspirera une émulation sans bornes. D'autre part, une
longue expérience a prouvé que, dans un pays aussi vaste
que la France, la fraude étoit impossible à empêcher,
dans les temps ordinaires, bien moins encore dans le
moment actuel, où l'occupation des frontières par les
troupes étrangères la rendra beaucoup plus facile.

Un système de douanes appuyé sur les vrais principes
du commerce ne peut manquer d'imprimer à tous les
genres d'industrie ce mouvement extraordinaire qui leur
est nécessaire. Ces principes veulent 1°. que l'exportation
de tous nos produits agricoles et manufacturiers soit libre
et sans autre droit que celui de la balance de commerce.
2°. Qu'à l'égard des importations étrangères, toutes les
matières premières qui servent à créer les produits de nos
fabriques ne soient assujéties qu'au simple droit de balance; que les denrées coloniales et les produits du sol et
même des manufactures étrangères cessent d'être frappées
de droits excessifs, ou de prohibitions, dont l'inutilité est
prouvée par la quantité immense de ces marchandises qui
existent à présent en France, et qui, nont pu y entrer
qu'en fraude. La prohibition n'est d'aucun avantage à nos
fabriques qui la réclament; elle est nuisible au Trésor public
et elle n'est profitable qu'aux contrebandiers, qui, à cause
du peu de volume des marchandises fabriquées, ont eu
dans tous les temps et auront toujours une grande facilité
pour les introduire.

On pourra enfin réaliser le vœu général des négocians de réduire le tarif des douanes à un petit nombre d'articles et de simplifier ce tarif, vrai dédale, utile au fisc seulement, et si decourageant pour les commerçans, dont il fait le desespoir.

Ce système de liberté modérée de commerce, sagement combiné, en accordaut à toutes les nations étrangères sans exception qui viendront commercer dans nos villes et dans nos ports les mêmes facilités et les mêmes avantages, en fera autant de ports francs et de foires pertpétuelles, il imprimera à notre agriculture et à nos fabriques ce mouvement désirable, qui, en augmentant leur activité et leurs profits, leur facilitera les moyens de supporter des charges, qui autrement seroient intolérables.

Un troisième moyen contribueroit très-fortement à augmenter l'activité de toutes les industries agricoles et manufacturières, et produiroit une satisfaction générale : ce seroit la retraite, du moins d'une partie des troupes étrangères qui occupent nos frontières et dont le séjour est encore très-onéreux à leurs habitans.

Résumé des moyens proposés pour le remboursement de l'arriéré.

L'arriéré le plus sacré, celui des réqui-itions et des dépenses de la guerre, sera remboursé, 1ᵒ. par une augmentation de trente pour cent sur les impôts directs en 1816, 1817 et 1818, dont le produit pour trois ans sera de . . . . . . 300,000,000 f.

2ᵒ. Par le produit de la contribution de 130,000,000 fr., qui sera libre en 1819 130

Somme égale. 430,000,000

L'arriéré des dépenses publiques sera remboursé,

1ᵒ. Par le produit des ventes des forêts et biens des communes, évalués. 400

2ᵒ. Par celui des a ux années de la contribution de 130,000,000 fr , qui sera libre en 1820 et 1821. . . . . : 260

3ᵒ. Enfin, par celui de la contribution de guerre, qui sera libre en 1821 140

Somme égale. . . . 800,000,000

Ces moyens sont certainement préférables à des emprunts, qui sont impraticables, et à des inscriptions de rentes au pair, qui feroient perdre aux créanciers trente-huit à quarante pour cent.

F I N.

De l'Imprimerie de CELLOT, rue des Grands-Augustins, nᵒ 9.